AUTODISCIPLINA:

LE ABITUDINI DEL SUCCESSO

Sommario

INTRODUZIONE
Che Cos'è L'autodisciplina

Quante volte, nell'ottica di migliorare la nostra quotidianità e di raggiungere i nostri obiettivi, abbiamo pensato di intraprendere un percorso volto a migliorare la nostra autodisciplina?

Quante volte abbiamo pensato che, se fossimo stati più caparbi, avremmo potuto raggiungere un risultato migliore oppure il risultato tanto atteso?

Quante volte abbiamo pensato che la nostra vita dovrebbe avere più regole, essere più in linea con l'immagine di noi stessi che vorremmo vedersi riversare nella nostra quotidianità? Quante volte abbiamo fermamente pensato che meritiamo molto di più di quello che abbiamo ma non abbiamo mai capito come ottenerlo? L'autodisciplina va di pari passo con il miglioramento della forza di volontà, con il lavoro sulla propria autostima e con la motivazione: ognuno di noi è in grado di darsi delle regole, ma per rispettarle ci vuole molto allenamento e tanta costanza. La caparbietà è una caratteristica fondamentale, nonché la voglia di mettersi in gioco e di vincere le proprie debolezze.

Autodisciplina significa imporsi in autonomia e consapevolezza uno stile di vita composto da regole ben precise, da comportamenti virtuosi e adeguati. Darsi delle regole per migliorare e migliorare la nostra vita, imporsi dei comportamenti virtuosi volti ad accrescere le nostre potenzialità e le nostre capacità.

In questo libro scopriremo come allenare ed educare la nostra autodisciplina, quali atteggiamenti instaurare nella nostra mente per concretizzarli in azioni e abitudini, come fare della nostra vita un vero e proprio progetto di realizzazione. Perché tutto è possibile, ancor più se ci organizziamo per realizzarlo!

IL TEMPO E LE ABITUDINI

Stabiliamo un concetto fondamentale fin da subito: per allenare l'autodisciplina e far sì che i comportamenti virtuosi che ne derivino si instaurino nelle nostre abitudini quotidiane, c'è un pensiero che dobbiamo fissare per bene nella nostra mente. L'autodisciplina, come qualsiasi percorso psicologico - comportamentale volto al miglioramento di sé, richiede tempo. Non dobbiamo avere fretta, mai! Le grandi conquiste si ottengono impiegando gli sforzi necessari nel tempo necessario. Le conquiste veloci e rapide sono solamente specchi per le allodole!

Non pensiamo di riuscire ad ottenere tutto e subito, non pensiamo che per instaurare nuovi comportamenti volti a soddisfare la nostra necessità di progredire basti poco: ci vuole tempo, ed è proprio il tempo il fattore principale che ci dobbiamo concedere per darci una possibilità.

Riuscire a rispettare il tempo necessario, affinchè il nostro percorso dia risultati soddisfacenti, ci aiuterà ad instaurare le nuove abitudini. E' proprio grazie alle abitudini che riusciremo a raggiungere i nostri obiettivi, più avanti lo spiegheremo meglio. È grazie alle abitudini che un comportamento diviene consuetudine e sarà perfettamente naturale per noi metterlo in pratica. Allenare la nostra mente all'autodisciplina, con il tempo necessario e instaurando nuove abitudini, sarà la chiave di volta per il nostro successo.

Intraprendiamo questo viaggio alla scoperta dell'autodisciplina insieme, passo passo, iniziando a comprendere perché sia importante allenare questa pratica virtuosa per avere successo, che ruolo ha la motivazione durante il percorso, come si associa la crescita personale all'autodisciplina, da cosa dobbiamo tenerci alla larga e come riuscire ad instaurare nuove e sane abitudini.

Siamo pronti ad iniziare il nostro viaggio alla scoperta dell'autodisciplina, benvenuti a bordo!

CAPITOLO 1

Perché È Importante Avere Autodisciplina

Iniziare un percorso volto ad accrescere la nostra capacità ad autodisciplinarci è importante per una serie di fattori che possiamo sintetizzare nell'elenco che segue:

- per raggiungere i nostri obiettivi;
- per instaurare comportamenti virtuosi;
- per imparare che spesso è importanti darsi ancora più regole di quelle che crediamo;
- per aumentare la nostra autostima;
- per imparare a credere in noi stessi.

L'autodisciplina farà di noi persone talentuose, inarrestabili, con obiettivi chiari in mente e con progetti di vita perfettamente in linea con i nostri desideri. All'inizio sembrerà complesso imporsi delle regole da seguire: ma come, siamo adulti e dobbiamo ancora sentirci costretti in un vortice di "non si può"? Certamente! Ogni adulto consapevole sa perfettamente che per ottenere i risultati più ambiti deve votarsi ad uno stile di vita rigoroso e virtuoso. Perché? Perché l'autodisciplina è il segreto del successo, perché grazie all'autodisciplina possiamo sprigionare i nostri talenti più reconditi, perché solo così possiamo programmare un grande e luminoso futuro!

QUANDO L'AUTODISCIPLINA È IL SEGRETO DEL SUCCESSO

Una persona di successo è una persona con una forte autodisciplina e un grande senso del dovere. Una persona di successo non si spaventa davanti alle regole che si deve imporre per fare carriera, cerca sempre una soluzione quando deve necessariamente modificare le proprie convinzioni affinché l'obiettivo diventi effettivamente raggiungibile.

Le prospettive che le persone di successo hanno chiaramente davanti a sé sono obiettivi a lungo termine che perseguono con costanza e determinazione. Non c'è nulla di semplice, nulla di rapido, nulla che lascino intentato. Le persone di successo provano, perseverano e conquistano!

Spesso, quando ascoltiamo storie di successo siamo portati a pensare che il raggiungimento degli obiettivi sia stato ottenuto velocemente e con poca fatica: niente di più sbagliato! È abbagliante ascoltare chi ce l'ha fatta, sono abbaglianti le parole entusiaste di chi è riuscito ad arrivare dove voleva, ma non pensiamo che tutto questo non sia il frutto di un duro lavoro e di una costante autodisciplina! Stare sul podio è entusiasmante, ma quanta fatica per arrivarci!

Chi ce la fa, chi raggiunge la destinazione dei propri sforzi è stato in grado di imporsi regole ferree, di fare un duro lavoro e di rimandare gratificazioni intermedie di poco conto per una gratificazione più grande.

Gli obiettivi che le persone di successo si prefiggono sono, nella maggior parte dei casi, obiettivi a lungo termine, costellano le proprie giornate di micro-obiettivi volti a realizzarne uno più grande. Ogni giorno è programmato per completare i tanti piccoli tasselli che condurranno allo scopo principale della loro esistenza. L'obiettivo principale è sempre davanti a loro, non lo perdono mai di vista.

Perché l'autodisciplina gioca un ruolo così importante?

Perché per raggiungere obiettivi a lungo termine, nonostante essi debbano essere costellati di piccoli obiettivi intermedi, è necessario essere autodisciplinati, convinti e perseveranti nel provarci costantemente.

Le persone di successo hanno, quindi, nel loro "pacchetto" autocontrollo, una grande padronanza di sé e un forte senso di responsabilità. Sono persone che guidano se stessi verso l'obiettivo, che sono in grado di viaggiare da soli, con determinazione e competenza. Riescono a sopportare anche le "cose noiose", quei passaggi fondamentali non troppo graditi ai più per arrivare al traguardo: sono consapevoli dei sacrifici necessari per riuscire e non se ne fanno un cruccio. Vanno avanti con consapevolezza e tenacia, con rigore e disciplina.

Tutte queste caratteristiche così determinate le

possiamo includere nell'autodisciplina, nell'educare la propria persona a fare, fare bene e fare anche meglio. Le persone di successo allenano i propri muscoli quotidianamente, riforniscono il proprio bagaglio di competenze e partono dal presupposto che nella vita si può sempre migliorare.

Le persone di successo e autodisciplinate si concentrano su ogni piccolo traguardo o risultato particolarmente positivo, sapendo che la strada può essere ancora lunga ma costellata di altrettanti momenti lodevoli. Pur avendo chiaro il proprio obiettivo, la forza di volontà è tale da riuscire a gioire anche dei piccoli traguardi. La pazienza, in fondo, è la virtù dei forti!

Il successo va di pari passo con l'autostima: più, infatti, riusciremo ad avere successo grazie ad una potente autodisciplina, più avremo una percezione di noi stessi forte, virtuosa e degna di ammirazione. Rispetteremo maggiormente la nostra persona, saremo orgogliosi di noi stessi e dei nostri traguardi, ma anche del viaggio intrapreso per raggiungerli.

La vita sarà un'avventura straordinaria e il successo non tarderà ad arrivare: ogni percorso intrapreso con autodisciplina, costanza e voglia di riuscire porterà ad ottenere ragguardevoli e considerevoli risultati. Saremo in grado di superare ostacoli, rafforzarci quando incorreremo in difficoltà e delusioni, non arrenderci e andare dritti verso l'obiettivo finale.

SPRIGIONIAMO IL NOSTRO TALENTO

Rendersi autodisciplinati e fare dell'autodisciplina non solo un metodo per raggiungere i propri obiettivi ma anche uno stile di vita, è sinonimo di successo e contribuisce ampiamente a esaltare i nostri talenti, anche quelli che non pensavamo di avere.

Parliamo di potenziale inespresso, di tutte quelle caratteristiche e attitudini che vengono, in qualche modo, nascoste negli spazi più reconditi del nostro intimo, e che spesso non sappiamo nemmeno di possedere. Ognuno di noi ha un talento: spesso la nostra attitudine ha solo la necessità di essere scoperta e di essere portata verso la grandezza!

Per esprimere il nostro potenziale appieno e per non utilizzarne esclusivamente una piccola percentuale, è indispensabile avere autodisciplina.

Proprio così: con l'autodisciplina avremo modo di esprimere i nostri talenti, messi da parte da uno stile di vita confusionario e poco appagante.

Thomas Edison affermò che se una persona ha almeno l'1% di talento da esprimere e a propria disposizione, il restante 99%, necessario per raggiungere i propri obiettivi e le proprie aspirazioni, è costituito dal sudore, dalla fatica, dall'impegno che si impiega per arrivare al traguardo. Insomma, l'idea ci vuole e l'attitudine anche, ma non bastano. Per riuscire, bisogna fare fatica.

Non pensiamo che ci siano ricette segrete o formule magiche in grado di risparmiarci quella tanto famosa "gavetta" che ci consente di raggiungere il traguardo: per esaudire i nostri sogni e compiere le nostre aspirazioni, è necessario sudare e guadagnarselo.

Facciamo un esempio pratico di semplice comprensione.

Poniamo il caso che Tizio sia un bambino portato per la danza: ha senso del ritmo, memorizza le coreografie velocemente, ha una buona predisposizione fisica naturale e ama danzare. Tizio vorrebbe tanto fare il ballerino, da grande. Dove pensate possa fare un'audizione il nostro caro Tizio, senza aver studiato per anni la danza, nemmeno da autodidatta? Da nessuna parte, probabilmente. Per diventare un ballerino, Tizio dovrà impiegare ore di lezioni, ore di sudore e fatica, intoppi e scoraggiamenti. Ma Tizio sa, sia che si possa permettere la migliore scuola di danza sia che possa esclusivamente allenarsi da solo, che per riuscire dovrà versare un bel po' di fatica durante le sue giornate. Il talento di Tizio è indiscutibile, ma senza rigore, fatica e sudore non arriverebbe da nessuna parte.

Questo per comprendere insieme che nessuna

persona di talento può "accomodarsi" sulle proprie capacità naturali: dovrà comunque allenarsi, faticare e perseverare per raggiungere i propri scopi.

L'esempio appena fatto non vale solo nello sport: si fatica per mettersi in proprio, si fatica per arrivare alla laurea, si fatica per cercare di realizzare gli obiettivi più grandi. Autodisciplina e impegno vanno di pari passo con il talento, ma non lo sostituiscono.

Per sprigionare appieno il nostro talento, sarà necessario autodisciplinarci: solo con la disciplina e con un costante rispetto delle norme che ne conseguono riusciremo ad ottenere dei buoni risultati. Il fattore positivo è che saremo proprio noi ad imporci le regole giuste per andare dritti verso i nostri obiettivi: nessuno lo farà per noi, nessuno stabilirà le regole né si impegnerà a rispettarle. Sarà tutta "farina del nostro sacco", saremo noi i veri protagonisti!

PROGRAMMIAMO IL NOSTRO FUTURO FACENDO LEVA SULLE ABITUDINI

Abbiamo compreso, ragionando insieme nel corso di questo primo capitolo, quanto l'autodisciplina sia il mezzo fondamentale per partire alla volta dei nostri obiettivi, per affrontare il percorso e per raggiungere la meta. Per iniziare ad imparare ad autodisciplinarci e organizzarci per avere successo, è necessario che molte delle regole autoimposte diventino vere e proprie abitudini.

Sarebbe complesso dover seguire pedissequamente una moltitudine di regole se queste non diventassero per noi abitudine e costante delle nostre giornate.

La caratteristica vincente su cui far leva è riuscire a far sì che ciò che riteniamo utile e indispensabile per raggiungere i nostri obiettivi, ovvero l'insieme di passi necessari da compiere per arrivare alla meta, sia per noi una consuetudine o lo diventi con l'allenamento.

Qualsiasi azione, anche la più impensabile, anche quella che al solo pensiero ci pare impossibile da rispettare a lungo, se fatta e replicata con costanza e dedizione, diventa un'abitudine.

Va di moda, grazie ad alcuni professionisti del life coaching che ne sostengono i numerosi benefici, alzarsi molto presto al mattino, tra le 5 e le 6 al massimo. Secondo le teorie di questi "mattinieri", alzandosi presto e iniziando la mattinata con un po' di attività fisica, tutta il resto della giornata ne trarrà beneficio: saremo più attivi, pronti ad affrontare sfide e più motivati. Se noi pensassimo di aderire a questa corrente di life coaching e imparare,

dopo due giorni, ad instaurare questa nuova abitudine, ci illuderemmo e non poco! Per instaurare una nuova abitudine ci vuole tempo, calma e dedizione. È una regola autoimposta e, come tale, per diventare abitudine è necessario rispettare i tempi di accettazione del nostro organismo e della nostra mente.

Ecco come sono collegate autodisciplina e abitudini, ecco la chiave per programmare il futuro e ottenere successo.

CAPITOLO 2

L' importanza Della Motivazione

Abbiamo chiarito ampiamente perché è così importante imparare ad inserire l'autodisciplina all'interno della nostra quotidianità e della nostra vita, abbiamo capito perché vale la pena autodisciplinarci per raggiungere i nostri obiettivi, avere successo e sentirci realizzati.

È' importante, però, comprendere il ruolo importantissimo della motivazione in questo percorso di crescita personale: senza la motivazione, non potremmo mai perseguire l'autodisciplina né, tantomeno, la perseveranza. Vediamo, nel dettaglio, la relazione tra motivazione e autodisciplina, la correlazione tra motivazione e crescita personale, e da quali caratteristiche è composta la motivazione.

DEFINIZIONE E RELAZIONE CON L'AUTODISCIPLINA

La motivazione è il motore principale che ci induce a comportarci in un determinato modo, è quella spinta necessaria per agire e per compiere un'azione.

Data la definizione semplicistica, possiamo addentarci in campo psicologico e specificare che la motivazione è quella spinta ad agire, volta a mettere in pratica un comportamento che ci farà avvicinare alla meta, che ci farà compiere quel passo in più per raggiungere i nostri obiettivi.

Ci sono differenti tipologie di motivazione: quella intrinseca e quella estrinseca. Studiarle può aiutarci a comprendere come relazionare il concetto di motivazione con l'autodisciplina.

Vediamo, in primo luogo, le differenti tipologie di motivazione, partendo da quella intrinseca.

La motivazione intrinseca è quella che spinge ad agire per la soddisfazione personale, per la consapevolezza di aver conseguito una maggiore competenza, per la crescita e la sicurezza del proprio fare e del proprio sapere. È una motivazione "pura", se vogliamo, che non necessita di un riconoscimento esterno per soddisfarsi e che si nutre, puramente, della propria realizzazione.

La motivazione estrinseca, al contrario, è quella spinta ad agire per ottenere qualcosa, per avere una sorta di ricompensa, di premio, esprimibile a livello materiale o di accettazione sociale. È quella motivazione che ci spinge a far qualcosa per qualcosa, non per il puro piacere o interesse nel farlo.

Se pensiamo a correlare le due tipologie di motivazione all'autodisciplina, probabilmente quella che più si avvicina al percorso autodisciplinato, che ci conduce verso l'ottenimento e il raggiungimento dei nostri scopi, è la motivazione intrinseca; agiamo sì per uno scopo, ma tale è così a lungo termine che potremo facilmente e con maggiore probabilità trovare soddisfazione nei piccoli passi e nel piacere di compierli, accrescendo le nostre competenze e la nostra autostima.

La motivazione estrinseca potrebbe, però, intervenire per una sorta di rush finale, quando siamo in procinto di raggiungere il nostro obiettivo e la nostra intenzione iniziale si va a concretizzare. La meta è vicina, la ricompensa anche, via con gli ultimi step per realizzarsi!

Come possiamo notare, il concetto psicologico di motivazione è strettamente correlato all'autodisciplina: la spinta ad agire e a continuare a seguire il percorso che ci siamo prefissi si modifica nel tempo, ma è sempre una condizione psicologica che ci fa andare avanti.

La motivazione va sostenuta e incoraggiata,

con qualche ricompensa per il raggiungimento dei traguardi intermedi e con una buona dose di ottimismo quotidiana. Non temiamo, però, se saltuariamente ci troviamo ad incorrere in una crisi motivazionale: può capitare, anche all'individuo più autodisciplinato!

L'importante è non scoraggiarsi e cercare di rientrare in un clima di serena spinta ad agire, imparando che le battute d'arresto servono per ripartire ancora più convinti e ricaricati!

MOTIVAZIONE COME CRESCITA PERSONALE

Imparare a gestire la motivazione per sfruttare al meglio questa caratteristica psicologica che può farci fare molto e molto bene, può essere l'occasione per crescere personalmente ed emotivamente.

Essere consci delle nostre motivazioni, di ciò che ci spinge ad agire e del perché lo facciamo sono tutti sinonimi di autoconsapevolezza, di percezione di sé e di incremento della propria attitudine a comprendere la propria persona.

La motivazione è quella pulsione ad agire quando sentiamo la necessità di soddisfare un bisogno: può essere un bisogno fisico, un bisogno psicologico oppure un bisogno materiale. Tutte le nostre azioni sono regolate dalla motivazione: più comprendiamo i nostri impulsi ad agire, più la nostra consapevolezza andrà ad aumentare la nostra crescita personale.

Per comprendere al meglio il concetto di bisogno che scaturisce nella motivazione ad agire, ci può essere utile fare riferimento ad una teoria psicologica motivazione: la piramide dei bisogni di Maslow.

Secondo il parere di Maslow, i bisogni si possono sintetizzare a livello gerarchico, creando una piramide che li racchiuda in scaglioni di necessità.

Questa piramide va letta dal basso, ovvero dalla base, verso l'alto, ovvero fino all'apice. Nella parte più bassa della piramide risiedono i bisogni fisiologici, quei bisogni direttamente collegati con il nostro organismo, senza la soddisfazione dei quali non potremmo sopravvivere. Questi bisogni risultano necessari da essere soddisfatti: senza la piena soddisfazione di queste necessità, infatti, ci risulterà impossibile sentire e percepire, anche solo la spinta motivazionale, a soddisfarne altri.

I bisogni alla base della piramide sono imprescindibili: se non diamo loro retta, non potremmo mai progredire.

Salendo di gradino in gradino e progredendo verso l'alto, troviamo, dopo i bisogni fisiologici, i bisogni di sicurezza: avere una casa dove potersi riparare, per esempio.

Man mano che ci si innalza nei livelli più alti della piramide, troviamo i bisogni di affetto, di stima e di autorealizzazione.

Nel momento in cui riusciamo a soddisfare i nostri bisogni primari, dando sfogo alle nostre necessità e appagandoci, la nostra scala dei bisogni progredisce verso l'alto fino a raggiungere i più elevati livelli di soddisfazione personale.

È utile evidenziare come, anche in questa teoria psicologica, troviamo una sorta di percorso di realizzazione di sé: prima si pensa alle cose importanti, basilari per poter sopravvivere; via via si concretizzano i nostri desideri più alti, quelli volti al raggiungimento della piena consapevolezza e dell'autorealizzazione.

Quando intraprendiamo un percorso volto alla crescita personale e abbiamo ben chiara la gerarchia dei nostri bisogni, ecco che riusciamo a percepire appieno le nostre potenzialità e di cosa abbiamo bisogno per realizzarci veramente.

Come si arriva all'apice della piramide dei bisogni di Maslow?

Con l'autodisciplina, ovviamente!

LE TEORIE INERENTI ALLA MOTIVAZIONE

Ora che abbiamo compreso cosa è la motivazione e come collegarla direttamente all'autodisciplina e alla crescita personale, andiamo un po' più a fondo del concetto psicologico per comprendere alcune teorie che si sono occupate di descriverla.

Questo ci servirà per essere ancora più consapevoli e ci farà comprendere su quali caratteristiche della nostra psiche lavorare per imparare a sfruttare al meglio la spinta motivazionale, madre dell'autodisciplina e della piena consapevolezza delle nostre potenzialità.

Posto il fatto che la motivazione è quella spinta ad agire che ci consente di soddisfare un bisogno e di trarne un qualche vantaggio, dalle necessità fisiologiche a quelle di più alta realizzazione personale, possiamo elencare due teorie che si sono occupate di descrivere le differenti spinte motivazionali che incontriamo durante la nostra esistenza: la teoria delle pulsioni e la teoria degli istinti.

La teoria delle pulsioni la dobbiamo ricongiungere al lavoro encomiabile di Sigmund Freud: secondo questa teoria, l'individuo è spinto ad agire seguendo una pulsione ben precisa, seguendo ovvero quell'impulso che lo porterà alla soddisfazione di un bisogno vero e proprio. Grazie alla soddisfazione della pulsione, l'individuo riuscirà a raggiungere il traguardo con soddisfazione. Freud suddivise la teoria delle pulsioni in tre step, tre passaggi che l'individuo è portato a compiere per soddisfarsi: la fonte, la spinta, l'oggetto e la meta. Secondo questi tre passaggi, l'individuo passa, dalla causa della sua pulsione, ad avere la motivazione per agire, dall'utilizzare un qualche oggetto per soddisfare il suo bisogno a conquistare l'obiettivo.

La teoria degli istinti è riferita maggiormente

alla biologia e a quei comportamenti che si possono ritenere relativi ad una determinata specie, ereditati, insomma, dalla specie di appartenenza. Spesso si parla di istinti in ambito animale, ma quanto è rimasto in noi di quell'istinto primordiale?

La componente fondamentale che ci differenzia dal mondo animale è sicuramente il nostro cervello: esso regola i nostri istinti e spesso ci preserva da quelle reazioni istintive, appunto, che potrebbero danneggiarci ponendoci alla mercé degli eventi.

Secondo la teoria degli istinti, basata prettamente sulla biologia, gli esseri umani hanno alcuni istinti di base dettati dalla loro specie di appartenenza: l'istinto di sopravvivenza, riguardante tutto ciò che ci preserva dai pericoli e tutto ciò che ci mantiene in vita; l'istinto di riproduzione, per conservare la specie; l'istinto religioso, che pone l'individuo alla costante ricerca di un essere superiore e di un significato.

La spiegazione di queste teorie psicologiche ha, come scopo, l'acquisizione di una maggiore consapevolezza, da parte nostra, su che cosa realmente ci spinga ad agire e progredire verso un determinato obiettivo.

Per raggiungere scopi di autorealizzazione oppure obiettivi che vanno al di là della soddisfazione degli istinti di base, è necessario che alle pulsioni o agli istinti si aggiunga la consapevolezza di voler arrivare a mete più ambiziose: la nostra "pulsione ad agire" sarà mossa non da qualcosa di oggettivamente necessario, scaturito dal nostro lato istintivo, ma da un ragionamento complesso, unito alla voglia di riuscire. Il meccanismo mentale che attiva la motivazione ad agire, quando in gioco c'è una soddisfazione ben più alta, deriva da un bisogno profondo di autoconsapevolezza e soddisfazione personale.

In gioco c'è la crescita personale e il voler

raggiungere i propri obiettivi. In quali e quanti modi meravigliosi la nostra mente riesce ad evolversi!

Elenchiamo, qui di seguito, qualche frase motivazionale per darci la carica:

"Il vostro tempo è limitato, per cui non lo sprecate vivendo la vita di qualcun altro" - Steve Jobs

"Due strade divergevano nel bosco, ed io… io scelsi quella meno battuta e questo fece la differenza" - Robert Frost

"La domanda comune che viene chiesto nel business è, 'perché?' Questa è una buona domanda, ma una questione altrettanto valida è: 'perché no?'" - Jeffrey Bezos

"Ho sbagliato più di 9000 tiri nella mia carriera. Ho perso quasi 300 partite. 26 volte mi hanno dato la fiducia per fare il tiro vincente dell'ultimo secondo e ho sbagliato. Ho fallito più e più e più volte nella mia vita. È per questo che ho avuto successo" -Michael Jordan

"Tra vent'anni non sarete delusi delle cose che avete fatto ma da quelle che non avete fatto. Allora levate l'ancora, abbandonate i porti sicuri, catturate il vento nelle vostre vele. Esplorate. Sognate. Scoprite." - Mark Twain

"Gli sciocchi aspettano il giorno fortunato, ma ogni giorno è fortunato per chi sa darsi da fare" - Buddha

"Quando mi troverò di fronte a Dio alla fine della mia vita, mi augurerò di non avere neanche un briciolo di talento rimasto, in modo da dirgli: "ho usato tutto quello che mi hai dato." - Erma Bombeck

"Il modo più comune in cui le persone rinunciano al proprio potere è pensare di non averne." - Alice Walker

"Sognare, dopo tutto, è una forma di pianificazione." - Gloria Steinem

CAPITOLO 3

Ambire Alla Crescita Personale

Quando si parla di crescita personale, spesso ci si trova ad essere un tantino…scettici!

Quante volte abbiamo pensato di voler intraprendere un percorso che ci facesse evolvere verso una maggiore consapevolezza di sé ma ci siamo riscoperti dubbiosi, disillusi e un tantino miscredenti?

Spesso si è letteralmente sommersi dal life coaching: "Cambia la tua vita adesso", "Cosa stai aspettando, "La forza è solo in te" e qualsiasi altra frase, prettamente marketing oriented della casa editrice, ci induceva a leggere un determinato libro, a seguire un piano rivoluzionario o a intraprendere un nuovo stile di vita. Eppure, nonostante il vero e proprio "bombardamento mediatico", si può cambiare, si può migliorare e lo si può fare anche attraverso un libro…come questo!

Ambire alla crescita personale e sentire la necessità di migliorare, con consapevolezza, è uno degli step fondamentali per riuscire ad ottenere ciò che si vuole, per raggiungere i propri obiettivi e per comprendere a fondo le proprie potenzialità.

La crescita personale, inoltre, va di pari passo con l'autodisciplina e con la capacità di perseverare per i propri obiettivi. L'una è la conseguenza dell'altra, si cresce man mano che ci autodiscipliniamo, ci autodiscipliniamo crescendo.

Andiamo ora ad individuare i passaggi che compongono la crescita personale, i vari step che ci consentono di progredire a livello intimo, formativo e professionale.

GLI STEP DELLA CRESCITA PERSONALE

Dovendo mettere in chiaro che cosa significa iniziare un percorso di crescita personale che sia volto a migliorare noi stessi, le nostre capacità e il nostro approccio alla vita, andiamo nel dettaglio descrivendo le famose "4 c", dedicate a questo ambito di miglioramento del sé.

Intraprendere un percorso di crescita personale significa essere consapevoli, predisporsi al cambiamento, correggere ciò che non va e, ovviamente, iniziare a crescere.

Essere consapevoli è essere predisposti ad avviare un percorso di crescita. Se non si è consapevoli, non si può iniziare nulla, nessun cambiamento avverrà in noi. Per cambiare, dobbiamo volerlo! Per avviare una condizione favorevole legata alla consapevolezza delle nostre azioni e del nostro voler fare, dobbiamo necessariamente mettere, per qualche istante, in pausa la nostra vita: fermiamoci un po' a comprendere che cosa vogliamo davvero, quali sono i cambiamenti che siamo disposti ad attuare e perché. Ragionare sulla propria esistenza non può portarci altro se non beneficio! Facciamoci delle domande e cerchiamo di rispondere a noi stessi con sincerità: chiediamoci cosa vorremmo fare veramente, quali sono i nostri sogni, come ci sentiamo in base all'ambiente che ci circonda, quali sono gli aspetti della nostra vita che non ci piacciono affatto. Più siamo razionali e sinceri con noi stessi, più il nostro percorso sarà chiaro e limpido ai nostri occhi.

Dopo aver chiarito la necessità dell'essere consapevoli, è fondamentale essere disposti al cambiamento. Se siamo riusciti a fare un quadro completo della nostra situazione e delle nostre reali necessità, siamo pronti ad attuare il nostro processo di cambiamento. Per cambiare realmente, il cambiamento deve necessariamente partire da noi, solo e soltanto da noi. Bisogna focalizzarsi sull'obiettivo che ci vogliamo prefiggere e concentrarci sul cambiamento vero e proprio. Il cambiamento deve diventare una vera e propria necessità, una condizione indispensabile per andare avanti, un'urgenza vera e propria. La strada per il cambiamento deve divenire l'unica via che vogliamo percorrere.

Se siamo consapevoli di cosa è necessario modificare nella nostra vita, se siamo disposti a cambiare e a fare del cambiamento la nostra ragione di vita, dobbiamo anche essere predisposti a correggere ciò che deve essere corretto, ciò che nella nostra vita deve essere modificato per arrivare a raggiungere la meta che ci vogliamo prefiggere. Il meccanismo della correzione è indispensabile, e per concretizzarlo al meglio bisogna necessariamente procedere focalizzando uno step alla volta, con calma e metodologia. Se procediamo passo passo alla conquista di noi stessi e delle nostre ambizioni, potremo correggere dove sbagliamo e gioire per i piccoli traguardi che conquisteremo lungo il percorso. È proprio procedendo per gradi e per piccoli obiettivi che riusciremo a tenere viva la volontà di andare avanti e di farcela, correggendo gli atteggiamenti sbagliati, i comportamenti poco virtuosi e, magari, rendendo più piacevoli quelle pratiche noiose che siamo costretti ad affrontare per rispettare il nostro obiettivo.

Quando vogliamo iniziare a crescere personalmente e vogliamo farlo con costanza, la crescita deve sì essere un obiettivo, ma deve diventare un traguardo a lungo termine. Crescere significa non smettere mai di imparare, di evolversi, di elevarsi ad uno stato di autoconsapevolezza sempre maggiore. L'opportunità di crescere non deve mai affievolirsi in noi, deve essere una costante delle nostre vite.

SCRIVERE UN PROGRAMMA DI CRESCITA PERSONALE

Per avviare un percorso di crescita personale è necessario portare in campo la nostra capacità di autodisciplinarci: dobbiamo, più concretamente, creare un programma!

Pianificare, organizzare, stabilire. È' così che si inizia un nuovo percorso, ed è così che possiamo intraprendere il nostro viaggio e partire, destinazione: crescita personale!

Per creare un programma adeguato alla crescita personale, dobbiamo innanzitutto stabilire gli obiettivi, sia quelli più grandi, più a lungo termine, sia quelli intermedi, che ci consentano di ricevere delle piccole gratificazioni motivazionali per consentirci di proseguire lungo il nostro percorso. Avere gli obiettivi ben chiari in testa ci consentirà di non perdere di vista il percorso intrapreso e di continuare lungo la retta via.

Teniamo in considerazione che, nonostante abbiamo la possibilità di creare un piano ben elaborato e preciso, lungo il percorso si può affacciare lo spettro del fallimento. Ricordiamoci, però, che fallire non significa dover rinunciare a tutto il nostro programma di crescita personale! Si può sbagliare, si può inciampare, ma ci si può sempre rialzare e ricominciare! Il fallimento è un fattore che ci si può aspettare: chi non fa non sbaglia, sostiene un vecchio detto! E allora, iniziamo il nostro percorso, procediamo, sbagliamo, sbagliamo di nuovo, ma non arrendiamoci mai!

Programmare un piano di crescita personale significa non farsi trovare impreparati, non lasciare che la nostra vita la viva qualcun altro e sfruttare al meglio tutte le potenzialità a nostra disposizione!

Il nostro programma di crescita personale dovrà seguire alcuni step indispensabili affinché si riesca ad elaborarlo al meglio, ovvero:

- riflettere su dove vogliamo dirigere il nostro percorso di crescita personale;

- delineare al meglio i nostri obiettivi, definirli, focalizzarli e ordinarli per priorità e importanza;

- darci una data per concludere una parte del nostro viaggio o il viaggio per intero: senza una data, tutto si ridurrebbe ad una fantasticheria di desideri;

- comprendere quale sia il percorso migliore da intraprendere, ricordando che non sempre la via più rapida è quella preferibile;

- prepararsi ad eventuali fallimenti, senza illudersi che non si possa sbagliare, preparando un eventuale piano per "rialzarsi", evitando di perdere l'entusiasmo e la motivazione;

- creare comportamenti virtuosi volti a sostenerci durante il nostro percorso di crescita personale;

- circondarsi di persone che ci sostengono e che aumentano la probabilità di prendere coscienza delle nostre potenzialità.

L'ambiente circostante, inoltre, è molto importante quando iniziamo ad intraprendere un nuovo percorso volto a realizzare i nostri desideri e volto a farci crescere personalmente, moralmente e professionalmente. Cerchiamo di ridurre al massimo i possibili fattori di distrazione, cerchiamo di attuare sempre comportamenti virtuosi volti a ricordarci, ogni giorno, quanto siano importanti i nostri obiettivi e quanto sia necessario rispettarli.

Scrivere un programma di crescita personale è necessario per avere ben chiari i nostri obiettivi e per non sviare dalla meta. Sarà più semplice non perdere la motivazione se abbiamo scritto una sorta di vademecum su come procedere. Sarà più semplice ritornare sulla retta via quando ci sentiremo persi e un tantino disorientati per un fallimento. È come avere una sorta di guida che ci conduca verso la realizzazione di sé e che non ci faccia perdere "il filo" della situazione, nemmeno quando ci sentiremo smarriti!

CAPITOLO 4

Allenare La Nostra Capacità Di Autodisciplinarci

Per intraprendere un nuovo percorso di crescita personale, volto ad aumentare la nostra capacità ad autodisciplinarci, è necessario imparare ad adottare tutti quei comportamenti virtuosi che ci possono condurre verso la realizzazione delle nostre aspettative.

Per migliorare la nostra autodisciplina, ci sono alcune tecniche e alcune malizie che possiamo mettere in pratica, piccoli trucchi di cui avvalerci per farcela davvero. Vediamo come riuscire a fare della disciplina la nostra migliore arma per raggiungere i nostri obiettivi e vivere al meglio delle nostre possibilità.

ALCUNI TRUCCHI PER RIUSCIRE

Innanzitutto, dobbiamo comprendere che per imparare l'autodisciplina, imparando anche a metterla in pratica, è necessario volerlo. Ciascun cambiamento delle nostre abitudini e della nostra quotidianità dipende direttamente dalla nostra volontà. Se possiamo immaginare un cambiamento, sicuramente potremo metterlo in pratica. Se possiamo metterlo in pratica, dobbiamo volerlo.

Il cambiamento verso una maggiore e virtuosa autodisciplina dipende esclusivamente dal nostro volere: siamo noi che decidiamo quale comportamento adottare, noi che capiamo che cosa può scaturire un risultato virtuoso. Senza autodisciplina, i comportamenti negativi potrebbero prendere possesso della nostra vita, saremmo individui poco attenti, passibili di depressione, insoddisfazione e mancata realizzazione di noi stessi.

È necessario attivare quella particolare zona del cervello in grado di indirizzare gli impulsi che provengono dall'ambiente esterno nel migliore dei modi: dobbiamo, ovvero, fare la scelta giusta al momento giusto. È proprio qui che entra in campo la disciplina, è proprio qui che scegliamo da che parte stare.

Quali trucchi possiamo adottare, in concreto, per indirizzare la nostra vita e scegliere i comportamenti migliori in grado di autodisciplinarci?

Vediamone alcuni con qualche esempio pratico.

1. SVEGLIA PRESTO CHE AL MATTINO BISOGNA IMPEGNARSI

Dobbiamo constatare quanto sia importante rispettare una routine mattutina precisa, che ci faccia uscire dalle coperte presto e che ci prepari ad affrontare una lunga giornata. Il mattino ha l'oro in bocca, dice un vecchio proverbio, ed è proprio così! È al mattino che dobbiamo concentrare i compiti più gravosi della giornata, è al mattino che dobbiamo considerare di sfruttare tutta la nostra piena potenzialità che si è ricaricata durante la notte.

L'autodisciplina è molto più forte e determinata durante le ore che precedono il pranzo: si è carichi, motivati, forti e pronti per affrontare al meglio le sfide quotidiane. Se dobbiamo considerare un impegno particolarmente gravoso, meglio schedularlo al mattino. Se dobbiamo programmare una riunione che ci mette in agitazione, le 9 sono l'orario perfetto.

Se capiamo che è importante per noi curare la nostra persona e prenderci cura di noi stessi anche con lo sport, alziamoci un po' prima del solito ed iniziamo la nostra routine mattutina con una bella sessione di allenamento.

La giornata procederà al meglio, ci sentiremo più soddisfatti e l'autodisciplina sarà sempre più virtuosa, sempre più semplice da mantenere.

2. ALTOLÀ ALLE DISTRAZIONI!

Se vogliamo imparare l'autodisciplina e come trarre tutti i vantaggi possibili da essa, dobbiamo anche capire come stare alla larga dalle distrazioni, ovvero da tutto ciò che ci potrebbe distrarre dai nostri obiettivi, che li potrebbe, in qualche modo, mettere in pericolo.

Per ottimizzare la nostra capacità di non badare alle distrazioni, dobbiamo far sì che esse siano il meno presenti possibile nella nostra vita. Bisogna eliminare tutto ciò che può essere causa di fallimento, tutto ciò che ci può far cadere. Se non avremo stimoli negativi o in grado di distrarci, la nostra autodisciplina non sarà minata da alcun tipo di insidia. Allontaniamo letteralmente e fisicamente tutto ciò che può costituire una tentazione di cadere in fallo, allontaniamo qualsiasi fattore di distrazione: solo così potremo perseguire e raggiungere tutti i nostri obiettivi!

3. QUANDO RAGGIUNGIAMO GLI OBIETTIVI INTERMEDI, RICONOSCIAMOCELO!

Come anticipato nei capitoli precedenti, è indispensabile programmare degli obiettivi intermedi in grado di aiutarci a non mollare e a vedere avvicinarsi sempre di più il nostro macro-traguardo.

Se noi riusciamo a monitorare con costanza il nostro cammino e i nostri progressi, riusciremo anche a comprendere la rilevanza dei nostri piccoli obiettivi intermedi e gratificarci dal raggiungimento degli stessi.

Monitoriamo i nostri progressi e rendiamoli parte del nostro cammino, prendendo nota e aggiornando via via il nostro percorso evolutivo.

4. L'IMPORTANZA DI IMPARARE A GESTIRE IL TEMPO

Per riuscire nella vita, per raggiungere i propri obiettivi e renderli concretamente parte del nostro futuro, è necessario imparare a gestire il tempo.

Se, infatti, non riusciamo a gestire le nostre giornate e ci affanniamo a completare i nostri compiti nel più breve tempo possibile, oppure li dilatiamo nel corso della giornata per poi non riuscire a portarli a termine, è palese quanto poco riusciamo a gestire le ore a nostra disposizione.

Impariamo a "sezionare" le ore in piccole frazioni, in modo da darci un limite di tempo per ogni azione che dobbiamo compiere, invitandoci così a darci dei brevi lassi di tempo e a comprendere quanto possiamo fare in pochi minuti.

Utilizziamo le tecniche di gestione del tempo più note (come quella del pomodoro, per esempio) e rendiamole parte della nostra giornata: la nostra quotidianità organizzativa ne trarrà sicuramente enormi vantaggi!

5. CONCEDIAMOCI PAUSE E RICOMPENSE

Ogni tanto dobbiamo imparare a premiare noi stessi! Nonostante il percorso verso una maggiore autodisciplina debba essere particolarmente severo e costante, dobbiamo anche "mollare la presa" ogni qualvolta ci riteniamo meritevoli di concederci una pausa oppure una piccola ricompensa.

Se, per esempio, stiamo studiando da ore e anche molto bene, concediamoci un buon caffè bevuto in santa pace, senza rimorsi e senza il libro costantemente sotto al naso!

La ricompensa che ci concederemo sarà via via sempre più apprezzata: non trovate sia un modo anche per apprezzare maggiormente le piccole cose e per far sì che la nostra quotidianità sia ancora più invitante?

Ogni tanto premiamoci per il lavoro svolto, fa tanto bene!

Se riusciremo a seguire questi piccoli accorgimenti, vivremo al meglio la nostra quotidianità e sarà ancora più semplice fare dell'autodisciplina una vera e propria alleata per raggiungere i nostri obiettivi e diventare sempre più capaci.

Dobbiamo essere consapevoli di ciò che ci circonda, delle nostre potenzialità, di come sfruttarle e di quanto esse debbano necessariamente essere prese in considerazione in maniera virtuosa e proficua. Possiamo far emergere noi stessi al meglio e per tutta la vita: perché non iniziare subire e fare della nostra esistenza un concreto evolversi di ciò che abbiamo sempre desiderato?

GLI STEP PER MIGLIORARE L'AUTODISCIPLINA

Se i trucchi appena elencati non sono sufficienti per farci comprendere come sfruttare al meglio le nostre potenzialità e dove concretizzare comportamenti virtuosi per renderci parte attiva della nostra esistenza e della realizzazione del nostro potenziale, vediamo insieme alcuni step utili per migliorare l'autodisciplina e per farne una vera e propria arma quotidiana di volontà e perseveranza.

1. STABILIAMO FIN DA SUBITO QUALI SONO I NOSTRI OBIETTIVI

Lo step iniziale per migliorare l'autodisciplina è stabilire, fin da subito, quali obiettivi vogliamo raggiungere: dobbiamo chiederci cosa vogliamo dalla nostra vita, di cosa abbiamo bisogno per sentirci realizzati nella nostra quotidianità e nel corso della nostra esistenza.

Dobbiamo rendere concreti, nella nostra mente, i desideri più reconditi, quelli che possono mettere in atto la nostra spinta motivazionale ad agire.

Diamo spazio al libero sfogo del nostro volere, capiamo dove impiegare le nostre forze e facciamolo per qualcosa per cui ne valga la pena. Saremo noi e solo noi a dover affrontare il percorso, quindi dovremo farlo per qualcosa di realmente importante.

Capiamo il nostro - o i nostri – obiettivo, capiamo quali passaggi saranno necessari per realizzarlo, approfondiamo con noi stessi che cosa ci renderà veramente felice.

Che cosa vogliamo? Che cosa desideriamo nel profondo del nostro io?

2. SE NECESSARIO, CAPIAMO CHE SI POSSONO RISTABILIRE GLI OBIETTIVI

Spesso possiamo sbagliare nel ritenere quali obiettivi siano veramente importanti per noi: sbagliare si può, non sentiamoci in difetto per questo!

È' fondamentale, in questo caso, capire che si possono ridefinire gli obiettivi e far sì che il nostro percorso cambi, anche in corso d'opera.

C'è una famosa tecnica utile per ridefinire gli obiettivi, la tecnica S.M.A.R.T. Essa consiste nel considerare un obiettivo Specifico, nel Misurare i progressi che si compiranno per realizzarlo, comprendere se il nostro obiettivo è realmente Accessibile, capire se esso è Realistico o una vera e propria utopia, imparare a dare un Tempo limite per la sua realizzazione. Questa tecnica ci consentirà non solo di stabilire alcuni degli step necessari per allenare l'autodisciplina, ma anche di osservare con estrema razionalità il nostro obiettivo e il percorso da attuare per raggiungerlo.

3. L'AUTOCONSAPEVOLEZZA, IMPARARE AD ESSERCI CONCRETAMENTE

Il percorso per migliorare la propria autodisciplina è costituito da costanza, volontà e tanta pazienza. Non si può pensare di fare tutto subito, non si può ritenere di facile realizzazione una pratica che impiega così tanta forza personale.

Per intraprendere l'autodisciplina, bisogna essere consapevoli delle proprie potenzialità e dei propri mezzi, soprattutto psicologici.

Impariamo, proprio per aumentare la nostra consapevolezza, a meditare, a concentrarci sulla positività, sull'eliminazione di tutti quei pensieri e quelle condizioni negative che minano la nostra riuscita.

Alleniamoci ad essere effettivamente presenti nel compimento delle nostre azioni, a fare tutto con concretezza e considerazioni si sé.

Solo in questo modo riusciremo a distinguerci

e ad avere ben chiare le nostre potenzialità.

4. PER ESERCITARE L'AUTODISCIPLINA, CI VUOLE UNA BUONA DOSE DI COSTANZA, PERSEVERANZA, VOGLIA DI FARCELA

Come già ribadito più volte, la costanza è fondamentale per riuscire a raggiungere un livello di autodisciplina tale da cambiare la nostra vita per sempre.

Senza costanza e senza perseveranza, non si va da nessuna parte! È' inutile imporsi regole se poi non abbiamo la volontà di rispettarle e di concretizzare i nostri desideri!

Bisogna essere forti, bisogna essere dei guerrieri per farcela!

Ricordiamoci che i più acerrimi nemici della nostra potenziale riuscita siamo noi stessi: dobbiamo aver voglia di farcela sul serio, dobbiamo allenare la nostra sicurezza e la nostra voglia di andare oltre.

Instauriamo nuove abitudini virtuose, capiamo come eliminare ciò che mina la nostra quotidianità e la nostra esistenza, mettiamoci nell'ottica di imparare, ogni giorno, qualcosa di nuovo su noi stessi e sulle nostre potenzialità: quanto di magico e straordinario c'è in noi?

5. SCRIVIAMO IL DIARIO DEL NOSTRO SUCCESSO

Per ogni nuovo percorso intrapreso con dedizione e voglia di farcela, abbiamo il dovere di tenerne traccia, sia per esserne orgogliosi in un prossimo futuro sia per far sì che la nostra quotidianità venga impressa nelle pagine di un diario ad imperitura memoria. Ci potrebbe tornare utile, in futuro, leggere delle nostre imprese e capire come abbiamo superato gli ostacoli, come abbiamo fatto a non smettere di credere in noi stessi, quanta fatica abbiamo impiegato e quanto possiamo dire a noi stessi "siamo stati davvero bravi"!

Tenere un diario, annotando la traccia del nostro viaggio, ci renderà orgogliosi e ancora più disciplinati: faremo della nostra vita un vero e proprio vademecum per gli anni a venire.

Scrivere un diario può anche costituire un nuovo modo per riorganizzare le idee, per renderle a nostra portata ogni qualvolta ne avremo bisogno.

Se non ne abbiamo mai scritto alcuno, non preoccupiamoci: non deve essere un'opera pronta per la pubblicazione, deve essere solo un documento personale e riservato a cui poter attingere per esigenze future. Quale modo migliore per essere i motivatori di noi stessi, per tenere traccia degli eventuali fallimenti e impedirci di compierli nuovamente, per comprendere al meglio le nostre scelte e i nostri passi?

Ora che abbiamo ben chiaro quali step siano necessari per migliorare l'autodisciplina, ci viene voglia di mettere tutto – e subito – in pratica, vero?

Il nostro futuro dipende solo ed esclusivamente da noi stessi, il raggiungimento dei nostri obiettivi è direttamente proporzionale alla nostra volontà di farcela e al nostro voler riuscire nella vita.

Quante volte abbiamo pensato di essere solo dei sognatori, di badare solo alle utopie e mai alle cose concretamente realizzabili?

Quante volte abbiamo perduto la nostra motivazione perché convinti di non riuscire a raggiungere la meta che ci eravamo prefissati in un momento, ritenuto da noi, puramente ottimista?

Essere consapevoli che un obiettivo si possa raggiungere, è il primo passo, la prima spinta ad agire, la condizione motivazionale che ci rende vivi; capire quale percorso intraprendere, con coscienza e logica, è il mezzo che ci condurrà verso la realizzazione di noi stessi; comprendere, ancor più, che ce la si può espressamente fare, sarà il carburante per non mollare.

Ora possiamo ritenerci pronti a mettere in pratica l'autodisciplina e a rendere possibile tutto ciò che, fino a poco tempo fa, ci pareva del tutto irrealizzabile!

CAPITOLO 5

Le Insidie Che Minano La Nostra Autodisciplina

Nel corso della nostra evoluzione per affermare l'autodisciplina, ci saranno momenti complessi, momenti che ci coglieranno impreparati e forse che saranno forieri di indecisione e poca motivazione. Possiamo snocciolare alcune insidie che potrebbero insinuarsi durante il nostro percorso, intoppi e stati d'animo che potrebbero minare il nostro viaggio verso il miglioramento dell'autodisciplina e il raggiungimento dei nostri obiettivi. Per essere preparati e per trovare conforto qualora ci sentitissimo spaesati dal corso degli eventi, vediamo dove stare attenti e in quali particolari condizioni dovremo far scattare l'allarme insidie.

1. LA PAURA DI NON FARCELA

Quante volte, intraprendendo un nuovo percorso, siamo partiti da un entusiasmo di base ma abbiamo progressivamente avuto paura di non farcela?

Quante volte ci siamo chiesti se ne valeva veramente la pena oppure se la nostra condizione di precarietà poteva suggerirci quanto fosse meglio lasciare perdere e procedere verso uno stile di vita più scontato?

La paura di non farcela potrebbe condizionare i nostri progetti, la voglia di realizzare i nostri obiettivi, e quel desiderio di ottimizzare al meglio la nostra vita. Se ci scopriamo vittime di questa emozione, cerchiamo di fermarci un attimo e di comprendere perché stiamo avendo così tanta paura. Cerchiamo di fare chiarezza in noi stessi e comprendere a fondo che cosa modificare, in che modo farlo e perché.

2. SCORAGGIARSI AL PRIMO TENTATIVO FALLITO

La paura di non farcela potrebbe insorgere proprio per un fallimento. Quando impegniamo tutte le nostre energie e tutta la nostra buona volontà nel compiere un cammino di crescita personale, potrebbe accadere di scoraggiarsi al primo intoppo, alla prima caduta. Anche in questo caso, la nostra reazione è più che legittima: soprattutto nel corso dei primi step di un nuovo viaggio, la nostra immaginazione ci porta a pensare quanto di bello ci sia da conquistare. Se non riuscissimo a farlo nelle prime battute, ci potremmo sentire frustrati e potremmo perdere tutta la motivazione con cui eravamo partiti. Per evitare di scoraggiarsi durante un fallimento, c'è solo una soluzione: mettere in pratica l'autodisciplina e continuare a perseverare. Solo con la costanza si raggiunge la meta!

3. FARSI CONDIZIONARE DAGLI AMBIENTI (E DALLE PERSONE) NEGATIVE

Quante volte abbiamo evidenziato la necessità di controllare l'ambiente circostante e le persone che fanno parte della nostra vita per capire come poterci muovere quando il nostro obiettivo si fa chiaro, ben distinto e ben delineato?

Ambienti che minano la nostra serenità e la nostra capacità di concentrazione, ambienti che demotivano e che scoraggiano la nostra caparbietà, sono ambienti tossici! È tossico vivere nel caos, è tossico vivere senza regole, è tossico circondarsi di persone che minano la nostra autostima e la consapevolezza che tanto ricerchiamo in noi stessi.

Puliamo, letteralmente, l'ambiente in cui viviamo, cerchiamo di renderlo il più positivo possibile, facciamo capire alle persone che ci circondano che, se non comprendono le nostre esigenze di crescita personale, è meglio si facciano da parte. Stiamo parlando della nostra vita, solo ed esclusivamente della nostra vita, perché lasciarla in mano a qualcun altro?

4. EVITARE DI DARSI DELLE REGOLE

Poco fa abbiamo evidenziato quanto un ambiente privo di regole sia potenzialmente tossico per chi ha la necessità di migliorarsi e di raggiungere i propri traguardi: evitare di disciplinare la nostra vita può portare esclusivamente ad un caos generale, ad una condizione di instabilità e insicurezza.

Nel momento in cui riusciamo ad autodisciplinarci e a comprendere l'importanza di donare a noi stessi la capacità e la possibilità di avere delle regole, riusciremo ad ottenere la chiave per raggiungere il successo. Niente si ottiene con una vita sregolata e priva di regole: non pensiamo a quanto possiamo essere bravi senza avere la possibilità di sfruttare un'indicazione precisa su cosa fare e come farlo. Più avremo una linea guida da seguire, più avremo la possibilità di non perderci durante il cammino e di ritrovare la via in caso di difficoltà.

5. NON RISPETTARE LE PROPRIE REGOLE

Quante volte ci diamo delle regole e poi tendiamo a non rispettarle?

Quante volte siamo portati a pensare "Vabbè, solo per questa volta posso sgarrare, mi è concesso!" e perdiamo completamente il filo di tutto il nostro percorso?

Dobbiamo tenere a mente che, se il nostro obiettivo principale è seguire una determinata via per raggiungere i nostri obiettivi, continuare a sgarrare con ostinazione non può portare a nulla, se non ad un totale fallimento!

Spesso, i nostri fallimenti derivano proprio da una sorta di "falla nel sistema": in prima battuta potremmo anche non rendercene conto, ma la causa potremmo essere proprio noi e il nostro comportamento indisciplinato! Se seguiamo le regole del nostro percorso con costanza e dedizione, le probabilità di incorrere in un grande errore di valutazione saranno minime. Diamoci delle regole cucite sulla nostra personalità e sulla nostra pelle, andiamo avanti per raggiungere i nostri obiettivi con consapevolezza è serietà.

6. ACCAMPARE SCUSE INUTILI

Quando ci troviamo disarmati, di fronte a qualcosa che è apparentemente più grande di noi e che mina la nostra autostima, potremmo frequentemente accampare scuse inutili e giustificare noi stessi, nel momento in cui non riusciamo a dare un senso a ciò che facciamo o al nostro percorso. Il senso di inadeguatezza potrebbe prevalere, se non facciamo dell'autodisciplina il nostro caposaldo per raggiungere i risultati e per vivere la nostra quotidianità.

Nel momento in cui abbiamo una sorta di schema da seguire, un vademecum per le nostre azioni e per il nostro fare, non avremo bisogno di accampare scuse inutili per giustificare un qualche fallimento: saremo così consapevoli della nostra pianificazione che, nella peggiore delle ipotesi, avremo solo la necessità di rivedere e correggere il nostro programma.

Abbiamo, ora, ben chiare quali possano essere le varie insidie pronte a minare il nostro percorso di crescita e di autorealizzazione, che dovrà caratterizzare la nostra nuova vita. Consapevoli di ciò che ci potrebbe distrarre dal nostro cammino, possiamo proseguire preparati e competenti: nulla ci potrà spaventare, nulla ci troverà impreparati, nemmeno le avversità più preoccupanti. Pianifichiamo il nostro nuovo futuro con fiducia e metodologia: le insidie non ci spaventeranno!

CAPITOLO 6
INSTAURARE NUOVE E SANE ABITUDINI

Come mettere in pratica tutta la virtuosa teoria che abbiamo esposto fino ad ora? Come fare ad evitare le numerose insidie che possono contrastare il nostro cammino verso una piena autorealizzazione, verso una crescita personale e, soprattutto, verso una proficua autodisciplina? Instaurando nuove e sane abitudini che rendano la nostra quotidianità un circolo virtuoso di positività, competenza, realizzazione e nuova vita.

Vediamo insieme come fare ad inserire nella nostra vita nuove abitudini, perché è necessario instaurarle per compiere al meglio il nostro cammino di crescita personale, e dettagliamo qualche metodo utile su come creare nuove abitudini.

COSA SONO LE ABITUDINI E COME FARE PER INSERIRNE DI NUOVE NELLA PROPRIA VITA

Innanzitutto, chiariamo che cosa sono le abitudini, anche se, sommariamente, tutti ne conosciamo il significato. Un'abitudine è un comportamento che si ripete nel tempo, consciamente o inconsciamente; spesso un'abitudine può condizionare la nostra vita, la modella e può anche nuocere alla nostra quotidianità, se questa non è virtuosa. Alcune azioni possono diventare abitudini senza che nemmeno ce ne accorgiamo. Facciamo un esempio semplice: il nostro modo di mangiare è spesso troppo veloce e poco soddisfacente; altrettanto spesso, infatti, lamentiamo una cattiva digestione. Il nostro modo di agire, particolarmente nocivo per la salute, è diventato un'abitudine, e magari ci chiediamo anche come mai non riusciamo a digerire con semplicità. Abbiamo perso di vista l'azione causa della nostra abitudine e non riusciamo più a individuarla come causa del nostro disagio.

È' molto più facile di quanto pensiamo trasformare un'azione in una cattiva abitudine: ripetiamo talmente spesso alcuni comportamenti che essi diventano parte della nostra quotidianità, senza che nemmeno riusciamo a rendercene conto.

Ma come possiamo creare consapevolmente nuove abitudini che siano virtuose e che migliorino oggettivamente e concretamente la nostra vita?

Vediamo nel dettaglio un metodo per comprendere le abitudini e per capire se fanno oggettivamente al caso nostro.

   a. Comprendiamo se la nostra azione ripetitiva stia diventando un'abitudine.
   b. Analizziamo l'abitudine per comprenderne la natura: è positiva? È

negativa? Può costituire per noi un vantaggio?

c. Comprendiamo se può essere utile mantenere l'abitudine oppure se, al contrario, conviene rinunciarvi.

d. Chiediamoci se la nostra azione candidata a diventare abitudine può avvicinarci al raggiungimento del nostro obiettivo.

Seguendo questo piccolo vademecum, potremo facilmente comprendere se un'azione che noi sospettiamo stia divenendo un'abitudine possa essere per noi virtuosa e in grado di portare vantaggio alla nostra quotidianità.

Per instaurarne di nuove, invece?

Per instaurare una nuova abitudine è necessario partire da un piccolo cambiamento: nulla si raggiunge in fretta, tutto deve iniziare a piccoli passi.

La nostra piccola azione, che vogliamo convertire in abitudine, deve essere qualcosa che si ripete nel tempo senza sconvolgerci particolarmente, un piccolo passo verso un grande risultato.

Ogni qualvolta riusciamo ad inserire una nuova piccola abitudine nella nostra quotidianità, ricordiamoci di premiarci: siamo stati bravi! Per ogni piccola conquista, deve necessariamente esserci una piccola ricompensa: dobbiamo essere consapevoli del nostro quotidiano, dei nostri piccoli traguardi intermedi e delle nostre piccole vittorie. Così facendo, le nuove abitudini si instaureranno più facilmente nella nostra vita e sarà semplice inserirle in quantità nel corso del tempo.

E LE CATTIVE ABITUDINI? COME POSSIAMO FARE PER ELIMINARLE E LASCIARE SPAZIO ALLE NUOVE?

Si può constatare che, probabilmente, è più semplice instaurare nuove e produttive abitudini piuttosto che eliminare quelle negative che si sono consolidate nel tempo.

Un'abitudine è difficile da eliminare dalla nostra quotidianità, ancor più se nociva per il nostro percorso di crescita personale e di autorealizzazione.

Potremmo iniziare in maniera graduale, trasformando e modificando la nostra "cattiva abitudine" senza eliminarla completamente, almeno per un primo momento. Poniamo il caso, per fare un esempio pratico, che abbiamo intenzione di smettere di fumare. Smettere all'improvviso, dall'oggi al domani, potrebbe provocare l'effetto contrario: non fumiamo per un paio di giorni e poi riprendiamo in maniera ancora più accanita di prima. Se, invece, modifichiamo la nostra abitudine e rendiamo il nostro comportamento meno nocivo, ad esempio iniziando a fumare un numero limitato di sigarette al giorno, sarà più semplice modificare il nostro comportamento abituale.

Darsi tempo è fondamentale quando decidiamo di correggere un comportamento che non si rende virtuoso né per la nostra salute né per la nostra persona. Non puntiamo a raggiungere il nostro obiettivo senza darci l'opportunità di cambiare passo passo, crediamo nella nostra perseveranza e nel nostro poter cambiare senza metterci troppa fretta.

QUALCHE METODO UTILE PER INSTAURARE NUOVE ABITUDINI

Parliamo ora di metodologia e capiamo come creare concretamente nuove abitudini.

1) LA TECNICA DEI 30 SECONDI

Questa tecnica concretizza il consiglio di cui abbiamo letto qualche paragrafo fa: si parte dalle piccole cose, dai piccoli passi per raggiungere grandi cambiamenti.

Come? Scegliendo di instaurare una nuova abitudine, mettendo in pratica il comportamento che ne è alla base per non più di 30 secondi.

Scegliamo una piccola azione inerente all'abitudine che vorremmo instaurare, una piccola parte dell'obiettivo più grande e mettiamolo in azione per un tempo pari o poco superiore ai 30 secondi.

Richiede un minimo sforzo, vero? Ripetendo questa azione nel tempo per una manciata di secondi alla volta, farà si che l'abitudine-obiettivo che vogliamo raggiungere si avvicini passo passo sempre di più.

2) CREA UNA NUOVA ROUTINE

Per instaurare nuovi e virtuosi comportamenti, è necessario creare delle nuove routine, ripetendole ogni giorno per un lungo periodo. Si prova ogni giorno; si ripete ogni giorno. La costanza sarà ripagata dalla riuscita: in un tempo ragionevole, la nostra abitudine diventerà parte fondamentale della nostra quotidianità.

3) PREPARIAMO UNA RICOMPENSA, UN PREMIO PER OGNI NUOVA ABITUDINE INSTAURATA

Instaurare una nuova abitudine richiede impegno, fatica e dedizione. Perché allora non premiarsi per uno sforzo compiuto così grande e così importante? Perché rinunciare ad una bella e sana ricompensa, se ce lo meritiamo così profondamente?

Sarà come raggiungere un piccolo traguardo e godere dei benefici che ne conseguono: quale modo migliore per incoraggiarci ad instaurare ancora numerose altre nuove abitudini?

4) PIANIFICHIAMO, PIANIFICHIAMO E PIANIFICHIAMO!

Ricordiamo l'importanza di pianificare le nostre giornate, dalla sveglia al tramonto, senza aver paura di dettagliare troppo la nostra quotidianità! Anzi, il miglior consiglio è quello di farlo mettendo nero su bianco lo scandirsi delle nostre giornate, soprattutto se, durante la nostra quotidianità, abbiamo la necessità di instaurare nuovi comportamenti virtuosi e nuove abitudini: questo modificherà e incrementerà di gran lunga anche la nostra autodisciplina!

Pianificando e organizzando i nostri impegni, avremo ben chiara la situazione e troveremo anche del tempo da dedicare a noi stessi:

quale modo migliore per farci un bel regalo, se non quello di regalarci qualche momento di relax, un po' di shopping oppure una bella gita in montagna?

5) L'IMPORTANZA FONDAMENTALE DELL'ESSERE COSTANTI

L'abbiamo spesso ripetuto nel corso di questo libro: per essere autodisciplinati e per instaurare nuove e virtuose abitudini, è necessario essere costanti, fare della perseveranza e della pazienza il mantra della nostra quotidianità!

Per ottenere grandi risultati, serve costanza; per raggiungere i più alti obiettivi, è necessario essere costanti; per instaurare nuovi comportamenti, essi devono ripetersi nel tempo con costanza.

Parole d'ordine per instaurare nuove abitudini e fare della propria vita un capolavoro? Costanza!

ALCUNI COMPORTAMENTI VIRTUOSI DA METTERE IN PRATICA

Per instaurare nuove abitudini e per fare dell'autodisciplina il nostro caposaldo per una vita migliore e ricca di eventi virtuosi, è necessario imparare a mettere in pratica alcuni comportamenti semplici e precisi. Sono semplici, è vero, ma leggendoli ci renderemo conto di quanto spesso la nostra quotidianità ne è priva.

1) Impariamo a non lamentarci, a non criticare gli altri e a rendere ciò che non ci piace uno spunto per trovare un nuovo obiettivo da perseguire.

2) Diamo spazio alla nostra creatività, alla nostra voglia di trovare sempre nuovi spunti per realizzare le nostre competenze e i nostri desideri.

3) Cerchiamo di essere altruisti e di considerare la possibilità di aiutare gli altri.

Facciamo del volontariato, dedichiamoci a perseguire una causa che ci sta a cuore, occupiamoci del mondo che ci circonda.

4) Pratichiamo sport, per la nostra salute fisica e mentale.

5) Alimentiamoci con una dieta sana, ricca di alimenti che rigenerino il nostro organismo e che ci apportino tutti quegli elementi nutrizionali, volti a garantire il nostro stato di salute.

6) Cerchiamo di volerci bene, di rispettarci come persone e di rispettare le scelte che facciamo.

7) Crediamo fermamente nei nostri obiettivi, senza riserva alcuna, considerandoci dei veri e propri gladiatori della nostra vita.

8) Comprendiamo l'importanza fondamentale delle regole, della nostra capacità di metterle in pratica e di rispettarle.

9) Includiamo nella nostra vita chi ci sostiene sempre, evitando chi invece può danneggiare la nostra esistenza con pessimismo e assenza di consapevolezza.

10) Impariamo cose nuove, non diamo limite alla nostra mente!

11) Leggiamo, sempre, il più possibile e sempre cose diverse.

12) Troviamo qualcosa in cui credere ma, soprattutto, crediamo fermamente in noi stessi e nelle nostre potenzialità.

CONCLUSIONI

Nel corso di questo libro abbiamo compiuto un viaggio per comprendere l'importanza dell'autodisciplina e delle potenzialità che ognuno di noi possa riscoprire in se stesso. Abbiamo compreso quanto sia importante darsi delle regole, rispettarle e credere fermamente di poter fare qualcosa di importante nella nostra vita.

Se partiamo dal presupposto che non tutto è perduto, che è sempre tempo per ricominciare e per porsi nuovi ed entusiasmanti obiettivi, saremo salvi, la nostra vita sarà sempre pronta ad essere messa in gioco!

Uno stile di vita sano, regolare, disciplinato da norme e da un rigore quotidiano che possiamo auto imporci, è sinonimo di grandezza e di raggiungimento dei più alti obiettivi.

La perseveranza e la costanza diventeranno,

anch'esse, abitudini della nostra quotidianità: ben presto capiremo quanto si siano instaurate nella nostra esistenza e quanti benefici abbiano portato all'interno delle nostre giornate.

Le grandi conquiste si ottengono con pazienza e con spirito di sacrificio, con dedizione e con una grande e inestimabile volontà: una volta che le avremo raggiunte, potremo dire "grazie" solo a noi stessi e alla nostra caparbietà.

Quale soddisfazione migliore che essere consapevoli delle proprie grandi potenzialità e di ciò che abbiamo potuto realizzare con le nostre sole e uniche forze?

Siamo pronti ad iniziare un viaggio che ci farà crescere personalmente, che ci farà intendere il valore profondo dell'autodisciplina e che farà potenzialmente realizzare tutti i nostri sogni più nascosti?

Il segreto è nella costanza, nella convinzione di

potercela fare e di poter migliorare ogni giorno di più.

Buona autodisciplina a tutti!